Michaela Birr

Schöne Töne!

Michaela Birr

Schöne Töne!

Klang-Entspannung in der Praxis
Ein Erfahrungsbericht

Trainerverlag

Imprint

Cover image: www.ingimage.com

Publisher:
Der Trainerverlag
is a trademark of
Dodo Books Indian Ocean Ltd., member of the OmniScriptum S.R.L Publishing group
str. A.Russo 15, of. 61, Chisinau-2068, Republic of Moldova Europe
Printed at: see last page
ISBN: 978-620-0-77031-8

Inhalt

Vorwort

Liebe Leserin und vielleicht ja sogar lieber Leser,
in diesem Buch teile ich mit Ihnen meine Erfahrungen im Bereich der Klang-Entspannung. Sie ist für mich der faszinierendste Bereich meiner Arbeit als Entspannungspädagogin und Sie können nun nachlesen, warum das so ist.

Es ist kein Lehrbuch über Klang-Entspannung, denn dafür gibt es Ausbildungen, sicherlich auch in Ihrer Nähe. Ich schildere Ihnen hier meine ganz persönlichen Eindrücke, die ich in den verschiedenen Bereichen sammeln konnte. Vielleicht lässt das in Ihnen etwas anklingen, so dass Sie Ihren persönlichen Weg suchen und finden mögen.

Ich freue mich, dass Sie an diesem wunderschönen Thema interessiert sind und nehme Sie sehr gern mit auf die Reise in die Welt der Klänge.

Zunächst jedoch möchte ich Ihnen meine musikalischen Reisebegleiter vorstellen. Dies sind verschiedene Klangschalen und andere intuitiv zu spielende Instrumente. Sie alle haben mich verzaubert und inzwischen sind wir zu einer Art kleinem Orchester zusammengewachsen. Jedes hat seinen eigenen Klang, seine eigene Schwingung und seinen eigenen Einsatzbereich. Und gemeinsam mit ihnen bin ich sehr glücklich und kann diese Freude weitergeben.

Kennenlernrunde

In meiner Arbeit nutze ich Klangschalen, Gong, Kalimba, Sansula, Koshi, Bambusflöte, BEK-Drum, Ocean Drum und das Klang-Ei.

Darf ich vorstellen?

- ***Klangschalen***

  Es gibt sie in unterschiedlichen Größen und mit unterschiedlichem Klang. Neben reinen Meditationsschalen, die sich durch einen langanhaltenden Klang auszeichnen, gehören auch Therapie-Klangschalen für die Körperarbeit zu meinem Equipment. Da ich mit ihnen oft unterwegs bin und auch mit Kindern und hochsensiblen Menschen arbeite, habe ich immer die kleine Version. Ihre Wirkung ist meiner Erfahrung nach genauso gut und das geringere Gewicht der metallenen Schalen sehr angenehm.

So reisen mit mir Kopf-, Herz-, Universal- und Beckenschale – ihre Namen zeigen schon, für welche Bereiche sie konzipiert wurden. Meine Schalen haben alle eher einen tieferen Klang, was zusätzlich entspannungsfördernd wirkt. Klangschalen werden mit speziellen Klöppeln angeschlägelt, je nach Größe, Material und Festigkeit verändern sich Klang und Wirkung.

Man kann Klangschalen auch zum Singen bringen, indem man mit einem Klangschalenreiber am Rand entlangfährt. Dabei entstehen nahezu sphärische Töne.

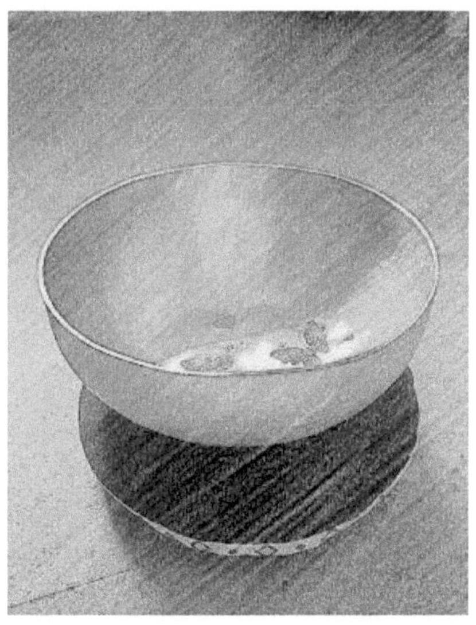

Klangschale Abb.: M.Birr

- ***Gong***

Auch da gibt es unterschiedliche Größen. Ich habe den kleinsten Fen Gong, der bei einem Durchmesser von 40 cm 1,5 kg wiegt und dennoch einen beachtlichen Klang und entsprechende Wirkung zeigt. Bei Klangreisen und Klangmeditationen ist er gern dabei. Ein sanftes Anspielen mit dem Gongreiber genügt, um den Raum mit warmem Klang zu füllen. Ein Gong ist sehr kraftvoll. So gilt auch hier: weniger ist mehr. Die Schönheit des Klanges entsteht in der Zartheit des Spieles.

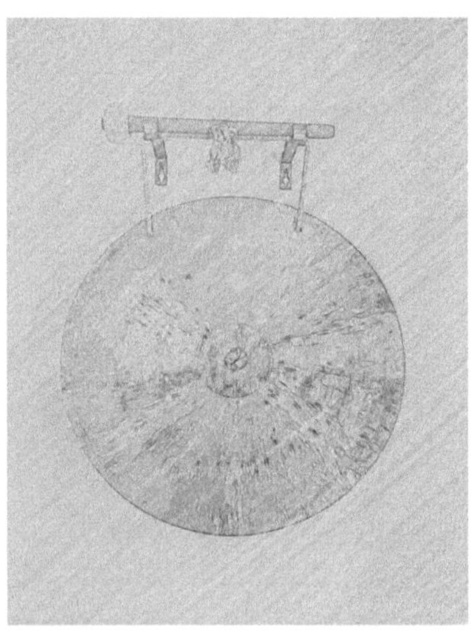

Fen Gong Abb.: M.Birr

- ***Kalimba***

Ein kleiner Holzblock mit neun Metallzungen – fertig ist das „Daumenklavier“, das Instrument der afrikanischen Geschichtenerzähler. Der Clou: Die Zungen sind so gestimmt, dass sie immer harmonisch miteinander sind. Es kann also nie schief klingen! Mit diesem Wissen lässt es sich wunderbar improvisieren. Die Schwingungen übertragen sich über das Holz auf die Hand. Besonders bei der Twin Kalimba, der Version für zwei Spieler, kann dieser Effekt genutzt werden. Schon allein das Spüren der Klänge ist faszinierend und ein gemeinsames Spiel mit dann 18 Zungen, die miteinander harmonieren, ein besonderes Erlebnis.

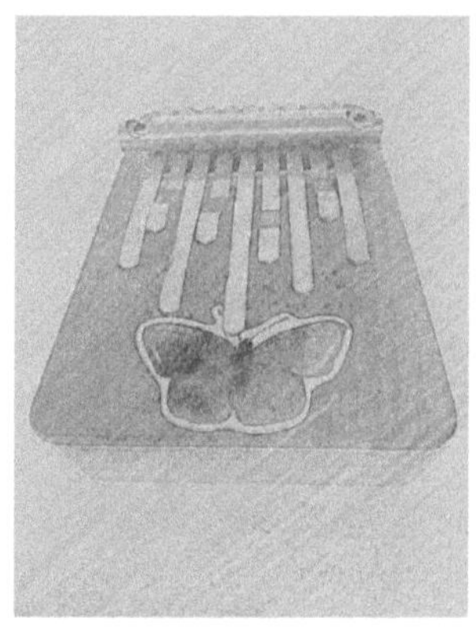

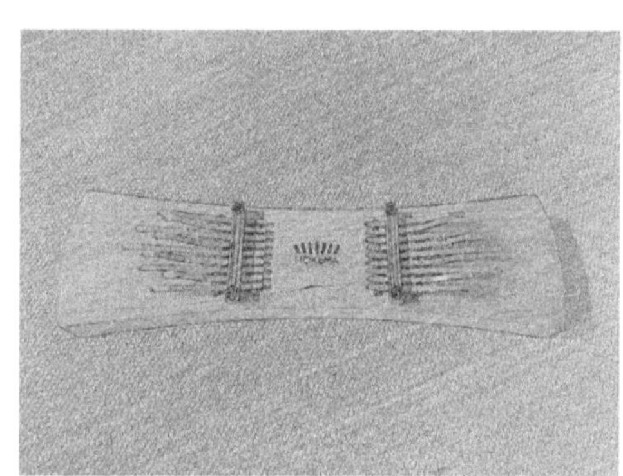

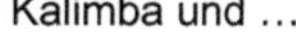

Kalimba und ... Twin Kalimba Abb. M.Birr

- ***Sansula***

Quasi eine Weiterentwicklung der Kalimba, die mit einer Membran aus einem Schlagzeugfell versehen wird. Dadurch wird der Klang voller und wärmer. Die Spielweise bleibt die gleiche. Zusätzlich ist durch das Anheben und Senken der Sansula ein „Wah-Wah“-Effekt möglich.

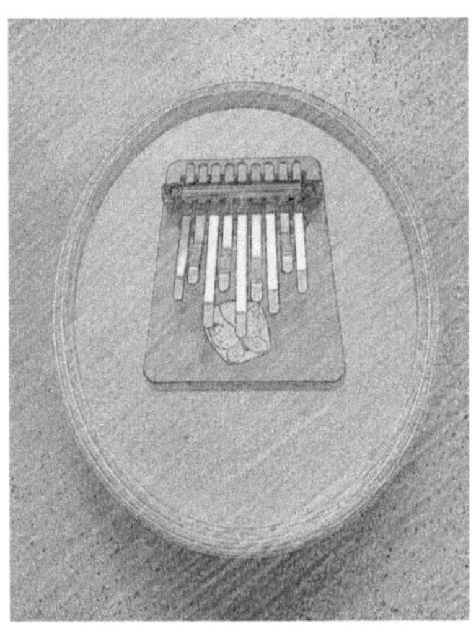

Sansula Abb.: M.Birr

- ***Koshi***

Dies ist ein Klangspiel aus Bambus, in dessen Inneren acht Metallstäbe in unterschiedlicher Länge sind. Bewegt man das

Koshi sacht mit der befestigten Kordel, schlägt eine Glasscheibe an die Stäbe und es erklingt ein harmonisches Spiel von reinen Tönen und Obertönen. Es gibt sie in verschiedenen Stimmungen: „Luft“ mit den Tönen A,C,E,A,B,C,E,B; „Feuer“ in der Stimmung G,B,D,G,B,D,G,A; „Erde“ mit den Tönen G,C,E,F,G,C,E,G und „Wasser“ mit folgender Stimmung: A,D,F,G,A,D,F,A.

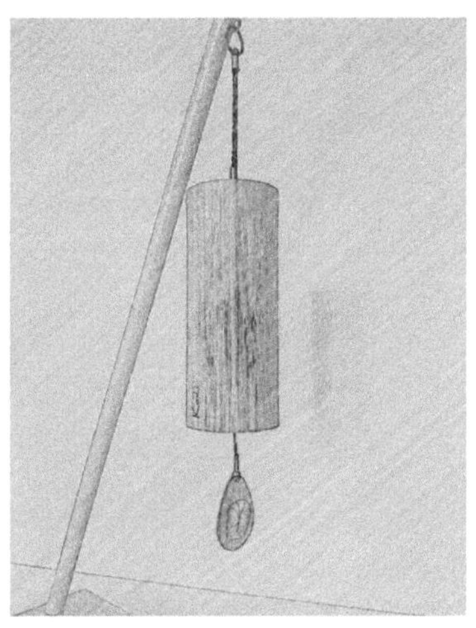

Koshi mit Ständer Abb.: M.Birr

- ***Bambusflöte***

Bei einem Flötenmacher in Norddeutschland habe ich mir meine Kiowa „Little Feather“ fertigen lassen. 42 cm lang, fünf Grifflöcher, leicht zu spielen (einfacher als eine Blockflöte!) –

und durch die Pentatonik immer harmonisch. So kann man mit ihr hervorragend improvisieren. Ein wundervolles Instrument zum Träumen und für die Meditation. Ihr Klang geht zu Herzen.

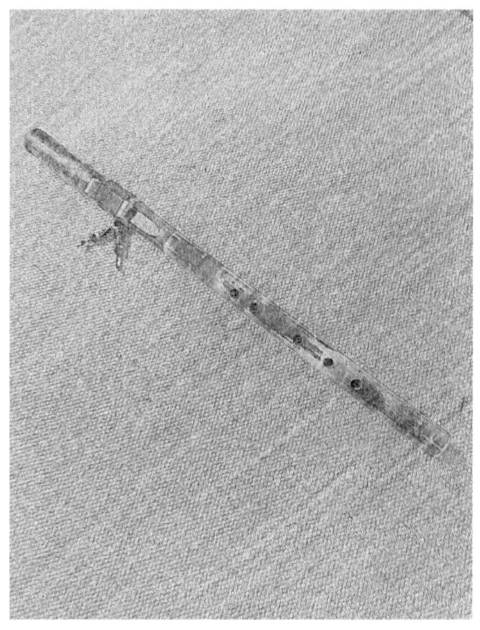

Bambusflöte Abb.: M.Birr

- ***BEK-Drum***

Das größte und schwerste meiner Instrumente. Dieser Klangkörper hat acht Notenzungen und wird mit den Händen oder Filzschlägeln gespielt. Beim Spiel mit Schlägeln klingt diese Metalltrommel ähnlich wie eine Klangschale. Ein sanfter, satter Ton, der sich ausbreitet und spürbar ist. Auch hier muss nichts gelernt werden, intuitiv finden sich im Spiel schöne Zusammenklänge. Die BEK-Drum ist bestens für die Klangmeditation geeignet.

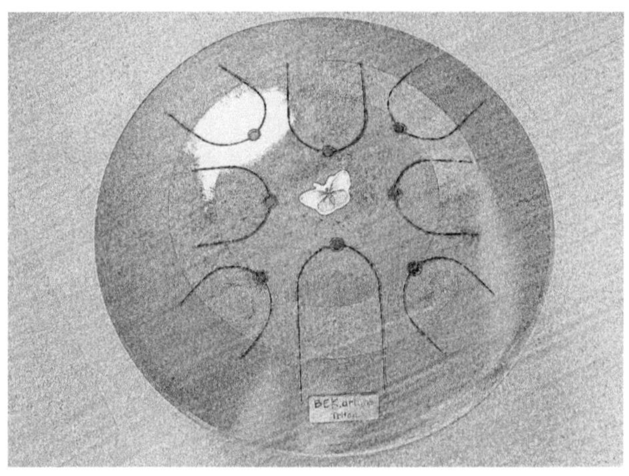

BEK-Drum Abb.: M.Birr

- ***Ocean Drum***

Eine Handtrommel mit dem besonderen Etwas – in ihrem Inneren sind unzählige kleine Metallkügelchen. Beim achtsamen, ruhigen Bewegen der Ocean Drum entsteht ein Geräusch ähnlich dem Wellenrauschen. Damit lässt es sich herrlich ans Meer träumen! Je nach Intensität des Spiels kann man sanftes Plätschern oder die Brandung hören.

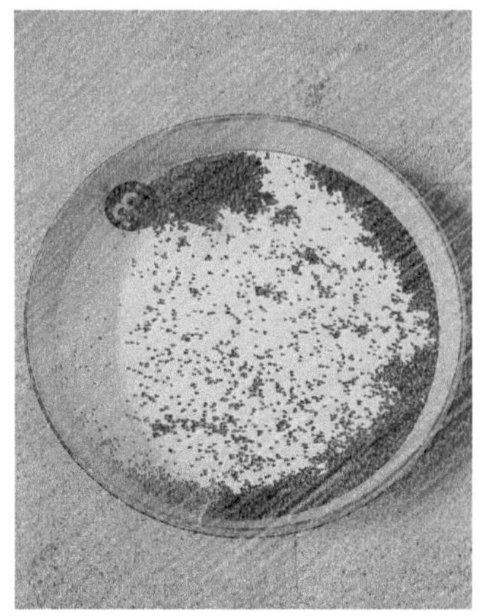

Ocean Drum Abb.: M.Birr

- ***Klang-Ei***

Im Inneren dieses Metall-Eies – wahlweise gold- oder platinfarben - steckt Technik. Auf der mitgelieferten SD-Karte sind wundervolle eigens komponierte Klangwelten. Man kann aber auch seine eigene Musik auf einer SD-Karte gespeichert darüber abspielen. Setzt man das Klang-Ei auf einen Untergrund, wird dieser als Resonanzkörper genutzt. Zugleich spürt man die Vibrationen.

Mit dem ergänzenden Befestigungsmaterial kann so jeder Holzstuhl zu einem Klangstuhl werden. Die Musik überträgt sich über die Rücken- und Armlehnen auf den Körper.

Auch allein das Halten des Klang-Eies in den Händen führt durch das Hören und Spüren in tiefe Entspannung.

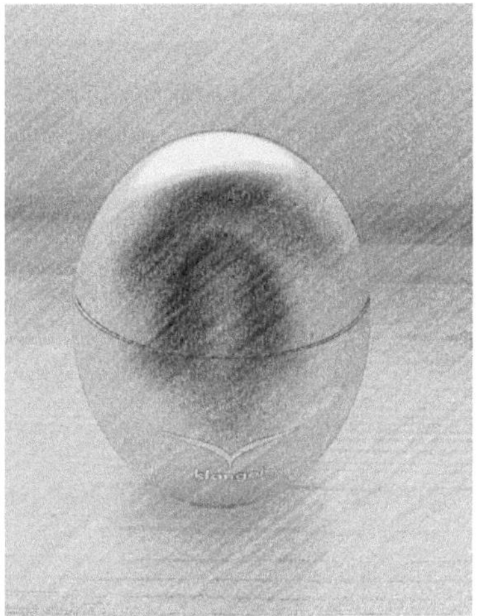

Klang-Ei Abb.: M.Birr

Einstimmung

Musik und Klänge begleiten mich schon mein ganzes Leben lang. Ich entsinne mich, wie meine Mutter früher beim Abwaschen Lieder trällerte - und manchmal auch durch die Küche tanzte. Als kleines Kind war ich fasziniert, wenn sie mir auf Plattdeutsch etwas vorsang. Ich verstand die Worte nicht immer genau, umso deutlicher nahm ich die Stimmung der Melodien auf.

Schon im Kindergarten sang ich im Chor. Auf einem Foto sieht man, wie begeistert ich bei der Sache war. Und das Tollste überhaupt: da die Chorprobe am Nachmittag später war als der Feierabend meiner Mutter und sie mich somit nicht wie sonst gleich nach der Arbeit abholen konnte, durfte ich an dem Tag allein nach Hause fahren. Ich kam mir richtig groß vor!

Und so ging es weiter. In der Schule war ich in den verschiedenen Stufenchören, lernte Blockflöte (meine Hochachtung für unseren Musiklehrer, der 30 Kindern gleichzeitig den Umgang mit diesem Instrument nahe brachte), später als Jugendliche erhielt ich Gesangsunterricht. Ich war zwar jedes Mal, wenn ich eine Solopartie singen durfte, sehr aufgeregt, aber gleichzeitig fühlte ich mich im Klang meiner Stimme und im Dialog mit dem Chor wunderbar geborgen.
Gern erinnere ich mich auch an die großartigen Aufführungen, die ich mit der Singakademie und einigen Kirchenchören erlebte. Ob Beethovens Neunte, Schütz-Motetten, Musik von Hildegard von Bingen oder Distlers Totentanz – wenn ich beim Singen den wohligen Schauer spüre, der mit dem perfekten Klang und dem Geborgenheitsgefühl in der Musik einhergeht, bin ich ganz im Hier und Jetzt. Und glücklich.

Wahrscheinlich sorgt dieses gute Grundgefühl auch dafür, dass ich in meiner Arbeit als Lehrkraft für Kinder mit besonderem Förderbedarf das „Nebenfach“ Musik, das Singen und Tönen, so gern in den

Vordergrund geholt habe. In meinen Klassen der Grund- und Mittelstufe gab es keinen Tag ohne Musik. Wir haben im Morgen- und Abschlusskreis gesungen, vor den Mahlzeiten und an Geburtstagen. Zu den Themen des Sach- und Religionsunterrichts fand ich passende Lieder oder Klanggeschichten, die nicht nur Freude bereiteten, sondern den Kindern halfen, die Inhalte leichter zu verstehen.

Im Musikraum konnten die Schülerinnen und Schüler viel selbst ausprobieren. Es war wunderschön zu beobachten, wie sie den Klängen lauschten, die sie selbst produzierten, wie sie Klang und Vibration z.B. auf der großen Schlitztrommel liegend wahrnahmen; wie sie beim gemeinsamen Spiel auf Metallo- und Xylophonen zu einem Orchester, einem Klangkörper wurden. Sie waren miteinander verbunden im Musizieren und erlebten gemeinsam den Klang der Stille, den Moment, wenn die Musik endet und der Klang im Raum dennoch wahrnehmbar bleibt.

Mit dieser Affinität zu Musik war es kein Wunder, dass mich vor etlichen Jahren ein Flyer besonders ansprach, der für Klangmassage warb. Klangmassage – schon das Wort fand ich sehr melodisch. Ich konnte mir zwar nichts darunter vorstellen, aber ich war neugierig und buchte einen Termin. Dieses Erlebnis hat sich in meine Erinnerung eingebrannt. Da war wieder dieses wohlige Gefühl, der Schauer von Kopf bis Fuß, ausgelöst durch auf den Körper aufgesetzte Klangschalen, die so wunderbar tönten, wie sanfte Kirchenglocken. Ich fühlte mich im Klang geborgen und anschließend körperlich erfrischt. Beschwingt und aufgerichtet ging ich nach Hause, völlig überwältigt von dieser Erfahrung.

Dies war der Startpunkt auf meinem neuen Weg des Lebens mit schönen Klängen.

Faszination Klang

Meine erste Klangmassage hat mich tief berührt und neugierig gemacht. Wie konnte es sein, dass auf den Körper aufgesetzte Klangschalen solch eine starke Wirkung zeigten? Wie war es möglich, dass durch dieses schlicht anmutende Verfahren in mir das gleiche Wohlgefühl ausgelöst wurde, als wenn nach intensiven Chorproben endlich der harmonische gemeinsame Klang entstand? Wie konnte etwas so Einfaches so tiefgreifend sein?

Ich fragte meine Klangtherapeutin aus, las in Büchern und bald schon kaufte ich mir die erste Klangschale. Ich lauschte ihr fasziniert, ihrem Wabern, ihren geringfügigen Tonunterschieden, je nachdem, an welcher Stelle ich sie anschlug; spürte die angenehme Vibration auf der Hand, die die Schale hielt. Ich setzte die Schale auf meinen Oberschenkel, auf den Fußrücken – immer klang sie anders, spürte ich die Schwingung unterschiedlich stark. Und selbst bei diesem Experimentieren, dem wachen Beobachten, bemerkte ich die entspannende und beruhigende Wirkung der Klänge.

Ich wollte mehr erfahren und erlernte die Klangmassage nach Peter Hess, wurde Kursleiterin für Klangmeditation. Ich konnte es kaum erwarten, nach Feierabend nach Hause zu meinen inzwischen mehreren Klangschalen zu kommen und mich weiter mit ihnen zu beschäftigen, mich in ihrem Klang zu verlieren, aufzutanken. Sie wurden zu meiner Energiequelle. Ich konnte nach dem anstrengenden Tag in der Schule mit ihrer Hilfe zur Ruhe kommen und gleichzeitig erfrischt und mit neuer Energie erfüllt sein. Keine andere Entspannungsmethode hatte bei mir so eindeutig Wirkung gezeigt wie die Klang-Entspannung.

„Der Ton der Klangschale berührt unser Innerstes, er bringt die Seele zum Schwingen; ihr Klang löst Spannungen, mobilisiert Selbstheilungskräfte und setzt schöpferische Energien frei."

Dies ist ein häufig zitierter Satz von Peter Hess und bringt das Erleben von Klang-Entspannung auf den Punkt. So war es bei meiner ersten Klangmassage und so war es auch kollektiv in der Ausbildung. Es war beeindruckend zu erleben, wie sich eine Gruppe von unterschiedlichen Menschen während des Übens in den Klang fand und sich aufeinander einschwingen konnte. Wie in einer nonverbalen

Kommunikation entstand über den Klang eine Verbindung. Auffallend war die Harmonie zwischen den Teilnehmern. Lag es an der Wirkung des Klanges oder waren nur zufällig Leute mit dem gleichen Interesse zusammengekommen, was eine Harmonie einfacher macht?

Im Theorieteil lernten wir, was die Besonderheit von Klangschalen ist: ihr Reichtum an Obertönen, wodurch sie eine sehr große Auswahl von Frequenzen bieten. Diese wirken auf jeden Teilnehmenden und können so über das Prinzip der Resonanz mit den Rhythmen des Menschen in Wechselwirkung treten. Die Klänge „bieten sich an“ und jeder würde intuitiv die Frequenzen aufnehmen, die er momentan braucht. So kann der Mensch in Harmonie kommen.
Diese Harmonie zeigt sich im körperlichen Erleben ebenso wie in der geistigen Wahrnehmung, in der Lösung muskulärer Verspannungen ebenso wie in der Veränderung der Hirnströme hin zum Entspannungsmodus. Faszinierend!

Wer tiefer in diese Themen einsteigen möchte, dem empfehle ich die Lektüre „Entwicklung und Forschung rund um die Peter Hess-Klangmethoden“.

In vielen Bereichen wird die positive Wirkung der Klänge immer mehr entdeckt und eingesetzt: Zur Entspannung von Körper und Geist –im Wellness-Bereich ebenso wie in pädagogischen und pflegerischen

Arbeitsfeldern. Zur Behandlung körperlicher Beschwerden – durch Ärzte, Heilpraktiker, Physiotherapeuten. Und ebenso in der Selbstfürsorge – schon eine kurze Klangzeit von wenigen Minuten, z.B. in der Mittagspause im Büro, bringt Entspannung und neue Energie.

Klangerlebnisse in der Sonderpädagogik

Ich arbeite seit über drei Jahrzehnten mit Kindern und Erwachsenen mit geistigen und körperlichen Behinderungen. Manche denken, dies sei eine schwere, eventuell sogar deprimierende Tätigkeit. Das habe ich nie so empfunden. Ja, es ist ein anderes Miteinander als zwischen Menschen ohne eindeutige Behinderungen, aber für mich ist die Wahrhaftigkeit in der Gefühlswelt und im Umgang miteinander sehr wichtig. Besonders die Fröhlichkeit und Direktheit der Menschen mit Einschränkungen sind meiner Meinung nach eine große Bereicherung. Und ich sehe es immer als positive Herausforderung und meine Lebensaufgabe, für die unterschiedlichsten Persönlichkeiten genau das für sie passende Angebot zu entwickeln und sie so in ihrer Entwicklung zu begleiten.

Dabei lerne ich selbst sehr viel und erlebe viele Glücksmomente, an die ich mich häufig dankbar erinnere.

Schon in den neunziger Jahren erlebte ich die wohltuende Wirkung des „Snoezelen“, einer in den Niederlanden entwickelten Entspannungsmöglichkeit. Sie war eindrücklich hilfreich zum Beispiel bei einem jungen, autoaggressiven Mann, den ich betreute. Er war auf den Rollstuhl angewiesen, konnte nicht sprechen. Vieles in unserer „normalen“ Welt schien ihn zu überreizen, so dass er darauf mit autoaggressivem Verhalten reagierte: er schrie und schlug sich häufig. Reduktion, Rückzug und Wohlklang hingegen trugen zu seiner Entspannung bei. Dies war im eigens eingerichteten „Snoezelen“-Raum gegeben.

Besonders gut ging es ihm auf dem Wasserbett. Weich, warm, geborgen unter der sonnengelben zeltartigen Kuppel – dies war sein Ort des Wohlbefindens. Schon nach kurzer Zeit, ganz sanft schaukelnd, lösten sich die angespannten Gesichtsmuskeln. Wenn ich dann noch die beruhigende Musik einschaltete, deren Schwingungen sich durch die unter dem Bett angebrachten Lautsprecher über das Wasser auf seinen Körper übertrugen, lösten sich weitere körperliche Verspannungen. Niemals hat er sich in diesem Raum geschlagen, immer wirkte er befreit und zufrieden. Und diese Wirkung hielt auch an, wenn ich ihn auf seine Wohngruppe zurückbrachte. Die Reduktion auf wohltuende Klänge in einem geschützten Rahmen und die sanfte Vibration der über das Wasser übertragenen Klangschwingungen halfen ihm, sich körperlich positiv wahrzunehmen. Gleichzeitig beruhigte sich offenbar auch sein Geist.

Dies war genaugenommen meine erste Erfahrung der Wirkung einer Klangmassage, wenn auch unter anderem Namen und mit anderen Mitteln. Dass dies unaufwändiger auch mit Klangschalen möglich ist, erlebte ich dann später nach meiner Ausbildung in der Peter-Hess-Klangmethode mit den Schülerinnen und Schülern einer Mittelstufenklasse.

Bei ihnen unterrichtete ich Musik und konnte ihnen in diesem Zusammenhang auch Klangschalen näher bringen. Die Kinder dieser sehr heterogenen Gruppe hatten geistige und körperliche Beeinträchtigungen. Was sie einte, war die Freude an Musik, Bewegung und Gesang. Und die große Neugierde und Vorfreude auf die Angebote, die ich ihnen machte.

Ihre Erstbegegnung mit einer Klangschale habe ich noch gut in Erinnerung. Ich hatte eine kleine Meditationsklangschale gekauft, weil sie eine handliche Größe und entsprechend wenig Gewicht hat, also für Kinderhände geeignet ist. Ihr Klang ist langanhaltend, ihr Ton für eine so kleine Schale relativ tief und ihre Vibration deutlich und in langsamen Wellen. Somit ist sie sehr gut geeignet für die Entspannung.

Zuerst betrachteten die Kinder sie. Ihr goldener Glanz beeindruckte sie und ehrfürchtig fragten sie, ob ich sie aus einer Kirche hätte (ich unterrichtete bei ihnen auch Religion, deshalb war die Annahme durchaus folgerichtig). Ich musste schmunzeln, denn auch ich habe bei Klangschalen die Assoziation zu etwas Göttlichem…

Dann bat ich sie, die Augen zu schließen und genau zu lauschen. Vorsichtig schlägelte ich die Schale an. Ihr satter, warmer Ton verteilte sich wabernd im Raum. Fasziniert öffneten die Kinder ihre Augen und waren nun vollends der Meinung, dass Klangschalen aus der Kirche kommen, dass es eben kleine Glocken sind!

Wir wiederholten das Lauschen, versuchten, genau hinzuhören, wann der Klang endet. Es war beeindruckend zu sehen, wie auch die sonst unruhigen Kinder, die schnell abgelenkt sind, konzentriert dabei waren.

Als nächstes durften die Kinder nacheinander die Schale in die Hand nehmen. Einige waren irritiert, wie kalt sie ist, das passte wohl nicht zu ihrem warmen Klang. Dann zeigte ich ihnen, wie sie die Schale auf die Handfläche aufsetzen müssen, um zusätzlich zum Klang auch die Schwingung spüren zu können.

Das erfreute Staunen auf ihren Gesichtern erinnerte mich an meine Erstbegegnung mit Klangschalen. Ja, diese Metallobjekte machen fröhlich! „Das kitzelt so schön“, formulierte es eine Schülerin. Eine nach dem anderen spürte aufmerksam den Schwingungen nach, während der Klang den Raum füllte. Ein fast magischer Moment.

Wir überlegten, wie wir die Klangschale in den Alltag integrieren konnten. Die Idee: vor dem Singen zu den Mahlzeiten darf ein Kind die Schale vorsichtig anschlägeln, alle lauschen, wie lang sich der Klang im Raum verteilt und dann beginnt das gemeinsame Lied. Das lief hervorragend.

Schon wenn der jeweilige „Klangschalendienst" die Schale auf seine Hand aufsetzte, wurde es im Raum ruhig, denn niemand wollte nur einen Fitzel des schönen Klanges verpassen. Oftmals wird im pädagogischen Bereich die Klangschale genutzt, um Ruhe herzustellen, indem sie während des Kinderlärms lautstark angeschlagen wird. Hier war es genau anders. Die Kinder wurden ruhig, WEIL sie den Klang hören mochten. So hatten sie eine ganz andere Beziehung zur Klangschale. Sie war kein Mittel, das laut um Aufmerksamkeit und Ruhe warb, sondern die Erwartung eines Klanggenusses ließ die Kinder still werden.

Der Klangschalendienst wurde zum beliebtesten bei den wöchentlichen Klassenämtern. War derjenige einmal nicht da, meldeten sich sofort mehrere Kinder als Ersatz. Das war bei anderen Ämtern nicht so.

Ich denke, diese Achtsamkeit, mit der die Kinder sich auf die kurzen Klangerlebnisse einließen, hatte ihre Wirkung. Jedenfalls gab es etliche Kolleginnen der Nachbarklassen, die das Miteinander in unserer Klasse als besonders harmonisch empfanden.

Nachdem das bewusste Lauschen und der vorsichtige Umgang mit der Klangschale erprobt waren, erweiterte ich das Angebot für die Schülerinnen und Schüler. Alle zwei Wochen hatten wir die Möglichkeit, den Raum der Stille zu nutzen. Dies ist ein wunderschöner Raum mit Teppichboden und zusätzlichen Stoffwänden, so dass ein behütetes Zeltgefühl entsteht. Hier können es sich die Kinder mit Kissen so richtig gemütlich machen. Ein schöner Ort für den Religionsunterricht und am Nachmittag auch für Entspannungsangebote, ganz wichtig im Ganztagsschulgeschehen.

Ich gestaltete die Mitte des Raumes mit den verschiedenen Klangschalen. „Unsere" Meditationsschale war natürlich dabei und wurde auch sofort erkannt. Zusätzlich hatte ich eine Herzschale, eine Universalschale und eine Beckenschale mitgebracht, alle drei in der kleineren Version, die vom Gewicht her für Kinder und zartere Personen konzipiert sind. Nebenbei bemerkt, eignen sie sich auch besonders, wenn man mit ihnen unterwegs ist, denn Klangschalen haben nicht nur einen schönen Klang, sondern auch ein ganz schönes Gewicht.

Wir stimmten uns mit dem Klang des Koshi „Luft" ein. Das Klangspiel machte seine Runde. Jeder konnte eine Zeitlang das Koshi bewegen, die anderen lauschten, dann wurde es vorsichtig weitergereicht. Es war so schön zu beobachten, wie vorsichtig, konzentriert und liebevoll die Kinder mit diesem Instrument waren. Schon diese erste Übung brachte die Kinder in einen fast meditativen Zustand.

Aus dieser Ruhe und Gestimmheit heraus wandten wir uns den Klangschalen zu, verglichen sie, beschrieben Größe, Glanz und Eindruck. Fast jeder benannte spontan eine als seine Lieblingsschale, allein nach Optik.

Dann kam der Klang. Die meisten Kinder fanden den Klang ihrer Lieblingsschale am schönsten. Wir probierten aus, welche Schalen klanglich gut zusammenpassten und ließen ein musikalisches „Gespräch“ entstehen. Die Klänge der Schalen trafen sich, vermischten sich und näherten sich im Laufe des Klingens an. All dies hörten die Kinder begeistert heraus.

An einem anderen Nachmittag kam zu dem Klang das Spüren der Schwingungen hinzu. Ich füllte zunächst eine Klangschale mit Wasser. Fasziniert beobachteten die Kinder, wie sich beim Anschlägeln konzentrische Wellenbewegungen auf dem Wasser bildeten. Und sobald etwas zu stark geschlägelt wurde, spritzte das Wasser. So wurde die Kraft der Schwingungen allen sehr deutlich. Die Kinder konnten mittels dieser visuellen Kontrolle gut den dosierten Umgang mit den verschiedenen Schlägeln üben.

Dann fanden sich die Kinder zu Paaren zusammen. Ich zeigte ihnen, wie die – inzwischen wieder geleerte – Klangschale an die Füße gestellt werden kann. Der Partner schlägelte sie nun vorsichtig an und die Schwingung übertrug sich über den Fußboden auf die Füße. Die

Kinder waren erstaunt, dass die Klangschale sogar zu spüren war, obwohl sie keinen direkten Kontakt zu ihr hatten.

An einem weiteren Nachmittag erlebten die Schülerinnen und Schüler den Klang auf ihrem Körper. Wer mochte, legte sich gemütlich auf den Bauch, die anderen schauten zu. Dann setzte ich die Klangschale mal auf den Fußsohlen oder dem Rücken auf und schlägelte sie vorsichtig an. „Das kribbelt!", hieß es oder auch einfach nur „Schön!". Die Kinder genossen es, den Klang auf ihrem Körper zu spüren. Gerade Kinder mit körperlichen Behinderungen haben oftmals ein weniger ausgeprägtes Körpergefühl. Neben den sensomotorischen Übungen im Sportunterricht und der physiotherapeutischen Förderung können hier auch Klangschwingungserfahrungen hilfreich sein.

Im Laufe der Nachmittage kristallisierten sich die Vorlieben der Kinder heraus. So gab es einige, die gern den Klängen lauschten und selbst die Klangschalen anspielten, während andere die Schalen auf dem Körper spüren mochten. So entwickelte sich ein Setting, das von oben betrachtet wie ein Mandala wirkte: in der Mitte standen die verschiedenen Schalen, drumherum saßen die „Musiker"-Kinder, im äußeren Kreis hatten die Kinder ihren Platz gefunden, die sich von den Klängen und ihren Schwingungen in die Entspannung führen lassen wollten.
„Die Klangschale gibt jedem genau das, was er braucht".

Auch dieser Satz aus dem Theorieteil der Ausbildung bestätigte sich in den Klangzeiten mit den Schülerinnen und Schülern. So war immer wieder zu beobachten, dass die unruhigen Kinder durch die Klänge in eine zufriedene, ruhige Stille fanden, oft sogar einschliefen und anschließend erfrischt und „geerdet“ wirkten. Bei den eher stillen Kindern hingegen bewirkten die gleichen Klänge eine Mobilisation.

Ich erinnere mich da vor allem an eine schwerstmehrfach behinderte Schülerin. Sie wirkte oft weit entfernt, wie in ihrer eigenen Welt. Die zarten Klänge jedoch schienen sie zu interessieren, ihr Blick suchte ihren Ursprung, sie war nun ganz präsent. Und dann versuchte sie, zu den Klangschalen zu robben! Das tat sie sonst in ihrer Bewegungsecke im Klassenraum bei anderen Angeboten nicht. Ich war begeistert.

So bekam sie mitunter zusätzliche kurze Klangeinheiten in den Unterrichtspausen. Wenige Minuten reichten aus. Sie war dann konzentriert, schaute zu den Schalen, lauschte ihrem Klang. Sogar Blickkontakte wurden häufiger, sie schaute von den Schalen zu mir und manchmal lächelte sie. Eine ganz besondere Erfahrung.

Vor einigen Jahren wurde ich für eine junge Frau mit geistiger Behinderung engagiert. Eine voranschreitende Erblindung macht es schwieriger, geeignete Fördermöglichkeiten für sie zu finden. Deshalb kam man auf mich.

Beim ersten Termin stellte ich ihrer Betreuerin mein Konzept vor. Wichtig ist mir, dass die Klänge immer ein Angebot bleiben und entscheidend die Reaktion der Klientin ist. Klänge wirken oft stärker, als viele Menschen denken und deshalb ist ein genaues Beobachten und situatives Eingehen Voraussetzung für eine gute Klangarbeit. So kann es sein, dass manchmal schon eine kurze Klangzeit ausreicht und an anderen Tagen ist es wieder anders.

Dann lernte ich Anna (Name geändert) kennen. Sie kam gerade mit dem Bus von der Tagesförderstätte zurück und war nach ihrem Arbeitstag entsprechend aufgekratzt. Ich stellte mich ihr vor und schlägelte dann sanft eine Klangschale an. Sie reagierte wohlwollend, hielt inne und lauschte, suchte mit ihren Händen nach dem Ursprung des Klanges. Beim „Duett“ zweier Klangschalen hörte sie aufmerksam zu.

Ihre Betreuerin war erfreut, dass Anna sich auf dieses neue Angebot einließ. Wir verabredeten regelmäßige Termine, so lange, wie es ihr guttun würde. Daraus sind dann einige Jahre geworden. Das ist schon etwas Besonderes, denn oft verliert Anna nach einiger Zeit das Interesse.

Im Laufe der Zeit lernte Anna den Klang verschiedener Instrumente kennen: Kopf-, Herz-, Universal- und Beckenschale, Koshi „Luft“ und

Koshi „Feuer“, Kalimba und Sansula. Sie konnte sie schon bald erkennen und teilweise benennen, auch zeigten sich tagesabhängige Vorlieben für das eine oder andere Instrument. Anna sagt sehr deutlich, wenn ihr etwas gefällt oder eben auch nicht und wann etwas besonders schön ist. Und auch, wann es genug ist. Diese direkte Rückmeldung finde ich sehr gut, denn sie zeigt, wie unterschiedlich die gleichen Klänge wirken können – je nachdem, wie Anna gerade gestimmt ist. Die Frequenzen der Klanginstrumente gehen in Resonanz mit ihrer Stimmung und bewirken so Unterschiedliches. Manchmal wird sie ganz ruhig, manchmal wird sie aktiv. Es kann sein, dass sie den Klang des Koshi eine halbe Stunde lang in sich aufnehmen möchte, ganz versunken und oft wie entrückt lächelnd – an anderen Tagen dann mobilisieren sie die Koshi-Klänge und nach wenigen Minuten steht sie auf und möchte sich bewegen, tanzen und schnalzt rhythmisch mit der Zunge. So entsteht eine Art bewegte Klangmeditation der besonderen Art: wir sind im Dialog miteinander, Anna schnalzt, lauscht, ich schnalze zurück oder lasse eins der Klanginstrumente antworten.

Für Außenstehende mag das ganz unspektakulär erscheinen. Für Anna hingegen eröffnen diese Klänge einen Begegnungshorizont mit sich selbst, ihren Wahrnehmungen, ihrem Gegenüber und der Verschiedenheit der Instrumente. Das ist für sie, die sich oft zurückzieht und sich nur auf wenige Dinge fokussiert, ein großer Schritt.

Ich bot Anna immer ein „Klangbad“ an. Das heißt, ich verteilte die Instrumente im Raum um sie herum und bespielte sie so abwechselnd von allen Seiten. Dabei ist deutlich zu erkennen, wie wach sie in ihrem entspannten Zustand ist und genau registriert, woher welcher Klang zu ihr kommt.

Gern lauschte sie auch den Improvisationen auf der Sansula. Dabei entsteht eine meditative Stimmung im Raum, die auch auf mich wirkt. Das sind diese zauberhaften Momente, in denen alles gut ist. Der Klang hüllt uns ein und verbindet uns, schwingt und wirkt in der Stille weiter.

Während der Stunden mit Anna wurden nicht nur die theoretischen Aussagen zur Klang-Entspannung bestätigt. Ich erkenne jedes Mal, wie wohltuend und hilfreich es ist, kleine Zeitinseln bereit zu stellen, in denen in der 1:1- Betreuung mit genauer Beobachtung für die momentane Situation die passenden Angebote bereitgestellt werden. Der Aufwand ist nicht groß, die positiven Reaktionen hingegen sehr.

So entstehen Entspannung und gleichzeitig Stärkung: einfach, wirkungsvoll und von Dauer.

Etwas, was wir wohl alle gut gebrauchen können.

Der Zauber der Klangmassage

Es gibt einige Erlebnisse im Leben, die so eindrücklich sind, dass die Erinnerung daran jederzeit abrufbar ist. Für mich gehört meine erste Klangmassage auf jeden Fall dazu. Dieses Baden im Klang, das Gefühl, mit den Schwingungen zu schweben, die positive Körperwahrnehmung – alles das war für mich phänomenal. Nichts hatte mich bisher so beeindruckt wie eine Klangmassage.

Bei den weiteren Terminen und während der Ausbildung bemerkte ich, dass jede Klangmassage einzigartig und nicht wiederholbar ist. Je nachdem, was ich an Themen mitbringe und wie sich der Alltag in meinem Körper bemerkbar macht, verläuft die Klangmassage anders. Ich spüre, wo sich die Muskeln angespannt haben – denn nun lösen sich diese Verspannungen, was sich in leichten Zuckungen im betreffenden Körperteil zeigt. Oder mein Magen grummelt – ein Zeichen für Entspannung. Durchlässigkeit wird deutlich, wenn der Klang von der Stelle, an der die Schale aufgestellt und angeschlägelt wird, durch den Körper wandert. Manchmal nur kurz, zum Beispiel von der Schulter bis zum Ellenbogen. Und manchmal von den Fußsohlen bis zum Nacken.

Ganz wunderbar ist es zu erleben, wie sich innerhalb einer Massage der Körper lockert. Ich höre es am veränderten Klang der Schale. Bei

Blockaden ist der Klang kürzer und für mein Gehör etwas dumpfer. Wenn die Klänge es schaffen, eine Entspannung herbeizuführen, klingt die Schale reiner und länger und die Klangwellen breiten sich weiter als vorher im Körper aus.

Es ist reines Spüren, Lauschen, Schwingen, Beobachten, Bei-sich-sein. Und das Gefühl der Zeitlosigkeit.
Immer wieder lasse ich mich beklingen, um mich zu stärken und auch, um die Erfahrungen, die ich mit jeder Klangmassage mache, an meine Kundinnen weitergeben zu können.

Diese besondere Entspannungsform gibt es zwar schon seit den achtziger Jahren, als Peter Hess sie in Deutschland entwickelte. Dennoch ist sie nicht in aller Munde und viele können sich darunter nichts vorstellen. Mir ging es da ja nicht anders. Darum habe ich für meine Kundinnen schon auf meiner Website genaue Informationen bereitgestellt: Erklärungen zu den körperlichen Empfindungen wie Kribbeln, Muskelzuckungen, Magengrummeln genauso wie Kontraindikationen. So kann sich jede schon vorab informieren und weitere Fragen beim ersten Telefonat stellen.

Mir ist dieser Wissensaustausch sehr wichtig, denn bei der eigentlichen Massage gibt es keinen „Smalltalk“ - die Klänge sollen ungestört wirken – außer Rückmeldungen zum Befinden natürlich. So können sich alle ganz auf das Geschehen einlassen.

Mit dem nötigen Hintergrundwissen – z.B., dass Magengeräusche nicht peinlich sein müssen, sondern stattdessen die beginnende Entspannung anzeigen – gelingt dies am besten.

Beim ersten Termin dann gibt es zunächst eine Kennenlernrunde – die Kundinnen können die Instrumente erleben, Fragen stellen, selbst ausprobieren.

Diese Phase ist wichtig, um sich später ganz gelassen und vertrauensvoll dem Klang hinzugeben. Meist äußern die Kundinnen, was sie sich von der Klangmassage erhoffen. Für die eine ist es ein Zur-Ruhe-kommen, andere brauchen Energie. Dies zeigt sich dann in der Farbwahl für das Laken und die Decke, die sie sich für die Massagebank aussuchen können.

Ich gebe immer ausreichend Zeit, es sich auf der Bank so gemütlich wie möglich einzurichten. So habe ich eine extra breite Massageliege, damit immer genügend Platz ist, egal, ob die Kundin auf dem Bauch, dem Rücken oder der Seite liegen mag. Unterschiedliche Kissen, Knierolle, auf Wunsch eine Schlafmaske – alles ist da und kann genutzt werden.

Die dann folgende Klang-Entspannung beinhaltet eine kurze Klangmeditation, die Massage und eine Nachklingzeit.

Bei der Klangmeditation kommen sich die Instrumente und die Kundin allmählich näher. Ich habe die Instrumente im Raum verteilt, die Bank steht in der Mitte. So kann ich von allen Seiten bespielen.

Das Koshi „Luft“ eröffnet die Klang-Entspannung. Ich umrunde vorsichtig die auf der Bank liegende Kundin, hülle sie sozusagen in einen zarten Klang-Kokon ein. Ein sanftes Anspielen des Koshi mit gelegentlichen Pausen, um dem Klang genügend Raum zu geben, führt in die erste Entspannung.

Dann kommen die Klangschalen an die Reihe. Auch hier ist weniger mehr. Einige Male schlägele ich sie an, lasse sie ausklingen, führe sie vorsichtig an die Kundin heran. Wenn der Klang von mehreren Seiten kommt, entsteht eine Art Klangbad. Die sanften Klänge füllen den Raum und umschmeicheln uns. Oft ist hier schon das erste Mal ein leichtes Magengeräusch zu hören – auch bei mir. Die Entspannung beginnt.

Erst dann setze ich eine Klangschale auf den Körper auf. Im Vorwege haben wir besprochen, dass ich dazu zunächst meine Hand vorsichtig auf die Stelle lege, an die ich dann die Klangschale stelle, damit die Kundin sich nicht erschrickt.

An den Füßen kommt die Universalschale zum Einsatz. Auf die Fußsohlen aufgesetzt, kann der Klang sich ausweiten. Vielleicht sich im

Fuß ausbreiten oder auch bis zum Knie spürbar sein. Das ist je nach Muskelspannung unterschiedlich.

Allmählich wandern die unterschiedlichen Schalen über den Körper. Sanft angeschlägelt, können Becken- und Herzschale ihre Wirkung entfalten. Die Kopfschale wird nicht aufgesetzt, sondern in großem Abstand vom Kopf besonders sacht angespielt. Die Entspannung setzt sich weiter fort, die Kundin ist im Hören und Fühlen – da sind die Sinne geschärft, nichts lenkt ab und umso intensiver sind die Erfahrungen. Deshalb ist ein behutsames, einfühlsames Anschlägeln nötig. Ganz in Ruhe, mit kurzen Pausen, in denen der Klang weiterschweben kann – so entsteht der Entspannungsraum in und um uns. Ich sage UNS, denn ich bin ja genauso in dem Klangfeld und auch wenn ich aktiv bin, wirken die Klänge auf mich ebenfalls entspannend.

Den Abschluss der Klangzeit bildet wieder das Umrunden mit dem Koshi. Es hat in die Entspannungsphase geführt und läutet nun auch den sich nähernden Abschluss ein. Dann verlasse ich den Raum und die Kundin kann die Nachklingzeit genießen, in der die Klänge unhörbar weiter im Raum sind und ihre Wirkung entfalten.

Manche Frauen sind nach kurzer Zeit hellwach und erwarten mich schon, wenn ich nach fünf bis zehn Minuten zu ihnen zurückkehre,

andere schlafen noch oder brummeln leise „Kann ich nicht bis morgen hier liegenbleiben?“
Ja, die Klangschalen geben jeder, was sie braucht. Aktivität oder Entschleunigung. Inspiration oder Erdung. Und alles hat seinen Grund und seine Berechtigung.

Im Nachgespräch wird häufig geäußert:

- „Ich hätte nicht gedacht, dass ich so schnell entspannen kann.“
- „Mein Körper fühlt sich leicht und gut an.“
- „Es kribbelt immer noch im Körper.“
- „Die Klänge waren so schön.“
- „Ist die Zeit wirklich schon um?“

Als Entspannungspädagogin biete ich die Klangmassage rein zur Entspannung an. Häufig mildern sich aber auch körperliche Beschwerden, ohne dass ich sie direkt behandelt habe (was ich im Gegensatz zu Ärzten, Heilpraktikern oder Physiotherapeuten, die mit Klang arbeiten, auch gar nicht darf). Gerade Unpässlichkeiten aufgrund muskulärer Verspannungen können sich legen. In einem Fernsehbeitrag über die Klangmassage sah ich ein schönes Bild, mit dem diese Wirkung beschrieben wurde: Stellen Sie sich eine Sandburg am Meeresstrand vor. Mit jeder kommenden Welle wird sie ein Stückchen abgetragen, bis das Wasser ungehindert auf den Strand fließen kann. So ähnlich ist es mit den verspannten Muskeln. Kommen nun

Klangwellen, „bearbeiten“ sie ganz sacht die Verhärtung, so dass sie sich im besten Fall auflösen kann.

Damit kann die Klangwirkung physikalisch erklärt werden. Eine Klangmassage ist jedoch ein multifaktorielles Geschehen. Entspannung gelingt dadurch auf körperlicher und seelischer Ebene. Der Parasympathikus – zuständig für unseren Entspannungszustand – wird aktiviert, dadurch sinkt der Stresslevel und die körpereigenen Selbstheilungskräfte können wirken.
So lässt sich wohl auch das chinesische Sprichwort verstehen: „Ein entspannter Mensch ist ein gesunder Mensch.“ Die ganzheitliche Wirkung einer Klangmassage kann dazu beitragen, denn Entspannung ist eine wichtige Komponente für die Gesundheit.
Klänge sind mehr als Wellness. Je mehr ich mich damit beschäftige und entsprechende Literatur lese, desto faszinierter bin ich. Am Ende des Buches finden Sie eine Auflistung interessanter Bücher und Artikel, die ich Ihnen sehr gern empfehle.

Klangmeditation und Klangreisen

Meine erste Meditation mit Klangschalen lernte ich während der Ausbildung kennen. Wir Teilnehmer hatten es uns im Kreis gemütlich gemacht, die Füße lagen Richtung Mitte, in der die Dozentin saß. Wir kannten ja nun schon alle die Klangschalen und hatten sie auf unseren Körpern gespürt, jetzt stand das Lauschen im Vordergrund.

Die erste Überraschung war, dass die Klänge weiterhin zu spüren waren! Auch wenn die Schalen nun in einiger Entfernung von uns standen, wurden ihre Schwingungen durch die Luft und den Fußboden auf uns übertragen. Sanfter zwar, aber gut wahrnehmbar. Es war, als ob eine warme Decke aus Klang vorsichtig von den Füßen her auf uns gelegt wurde.

So eingehüllt entstand eine wohlige Atmosphäre, die von der Konzentration auf den Klang und gleichzeitiger Entspannung gekennzeichnet war. Der Geist wurde frei und gelöst; das Gefühl, im Hier und Jetzt zu schweben, ganz präsent. Klang und Schwingung erfüllten den Raum und uns.

In der Nachbesprechung erfuhren wir, wie eine Klangmeditation aufgebaut wird, wie die Teilnehmenden sanft in den Klang geführt werden und dann auch vorsichtig wieder heraus, wie Übergänge zwischen verschiedenen Instrumenten oder Anschlägeltechniken holperfrei gelingen, welche Bedeutung die Stille hat, in der der Klang sich entfalten kann.
Klangmeditationen sind eine wunderbare Möglichkeit, eine verbindende Atmosphäre zwischen den Menschen zu schaffen. Und das alles ohne Worte.

Im Laufe der Jahre habe ich etliche Klangmeditationen durchgeführt: im Yogastudio bei Tagen der offenen Tür und der Nacht des Yoga, in Kirchen, in der Schule. Es waren unterschiedliche Settings mit unterschiedlich vielen Menschen und dennoch ähnliche Erfahrungen: eine Klangmeditation führt in die eigene Stille und stärkt.
Für mich als Ausführende ist jede Klangmeditation anders, da ich intuitiv auf die Stimmung im Raum eingehe und sich dadurch jedes Mal ein anderer Schwerpunkt ergibt.

In großen Räumen können sich die Klänge des Gongs und der BEK-Drum besonders entfalten. Auch wenn sie sanft angespielt werden, erfüllen sie ihr Umfeld. Immer wieder sind die Teilnehmerinnen beeindruckt, wie spürbar die Klangwellen sind. Wer schon eine Klangmassage erlebt hat, kann sie auch bei einer Klangmeditation erleben. Faszinierend.

Bei einer Klangreise kommen zu den Klängen Worte hinzu. Die Klänge unterstreichen das Gehörte, interpretieren es, unterstützen die Phantasie. Wort und Klang verbinden sich zu einem Erleben.

Klangreisen sind aufwändiger als Klangmeditationen und durch den Text auch etwas gebundener. Dennoch bleibt bei entsprechender Übung auch hier der Freiraum für Improvisation und intuitives Herangehen. Das Wissen um gutes Sprechen ist unabdingbar, denn gerade wenn die Konzentration auf das Hören gerichtet wird und durch schöne Klänge Wohlgefühl ausgelöst wird, fällt zu schnelles, undeutliches und zu wenig betontes Sprechen deutlich auf. Was im direkten Dialog vielleicht durch Mimik und Gestik ausgeglichen werden kann, ist während einer Klangreise sozusagen auf einem Silbertablett – sehr präsent.

Ich empfehle deshalb jedem, der Klangreisen anbieten möchte, zusätzlich Fortbildungen im freien Reden und guten Vorlesen. Und das Nutzen des Diktiergerätes auf dem Smartphone. So kann man sich selbst ganz unkompliziert aufnehmen, überprüfen und verbessern.

Wenn dann Klang, Worte und Sprechtechnik miteinander harmonieren, können wundervolle Entspannungszeiten entstehen.

Ich verbinde gern Düfte mit Klangreisen. Inspiriert hat mich ein Buch über Duftmeditationen. Die Texte wandle ich für mich passend ab und die Teilnehmer können sich, wenn sie mögen, das dazu passende ätherische Öl, auf ein Tuch geträufelt, in ihre Nähe legen. Die Düfte unterstützen den Entspannungsprozess enorm und für viele sind sie später wie ein Anker, durch den sie sich an die Klangreise und die damit verbundenen positiven Gefühle erinnern.

Wenn Klangreisen am Meer spielen, nutze ich gern die Ocean Drum. Nicht nur der Klang versetzt die Teilnehmer sofort an die Küste – während des achtsamen, leichten Schwenkens der Ocean Drum

spüre ich regelrecht Wind und Wellen. Einige Klangzeiten, zum Beispiel als Abschluss einer Entspannungstrainingsstunde, gestalte ich allein mit der BEK-Drum. Ihr Klang ist so warm und einhüllend und Melodien ergeben sich ganz intuitiv. Angeschlägelt klingen sie lange nach; mit den Händen gespielt, wirken sie etwas dynamischer. So kann für jede Situation die entsprechende Spielart gewählt werden. Oft bewirken die Klänge in mir eine Ruhe und Tiefe und ich finde ins Summen und Singen. Die Klänge der BEK-Drum tragen mich und im Duett kann eine harmonische Zweistimmigkeit entstehen.
Ich bin oft erstaunt, wie einfach das geschehen kann.

Klänge in der Sterbebegleitung

Es gibt Erfahrungen im Leben, auf die jeder gern verzichten möchte und die dennoch ausgehalten werden müssen. Für mich waren dies die Erlebnisse des viel zu frühen Todes engster Familienangehöriger. Gefühle von Angst, Ausgeliefertsein und Hilflosigkeit betreffen den Sterbenden und die Begleiter.

Beim Tod meiner Eltern war ich noch sehr jung und hatte keine Strategien, damit umzugehen. So überrollten mich die Ereignisse und damit verbundenen Emotionen und hatten – wie ich im Nachhinein erkannte – große Auswirkungen auf meine Sicht und Bewältigung des

Lebens. Verdrängung war die einzige Möglichkeit für mich, um irgendwie zurecht zu kommen. Das funktionierte nicht immer, an vielen Stellen ploppte die Trauer, für Außenstehende sicherlich völlig unangemessen, immer mal wieder auf und ließ mich nicht zur Ruhe kommen.

Es ist sicherlich kein Zufall, dass ich irgendwann den Weg zur Entspannungspädagogik fand. Die unterschiedlichen Ausbilderinnen, Möglichkeiten und Techniken gaben mir Hilfestellung, in akuten Stress-Situationen selbstfürsorglich zu sein. Besonders hilfreich für mich ist die Klang-Entspannung. Ich bin sehr froh, diesen Weg gefunden zu haben.

Als vor fünf Jahren mein Bruder schwer erkrankte, waren die Klänge das beste Hilfsmittel für mich. Immer, wenn ich mich angespannt, hilflos und überfordert aufgrund dieser Situation fühlte, klangmeditierte ich. Dabei konnte ich alle Trauer aus mir herausfließen lassen, in Form von Tränen, Schluchzen; aufgefangen und geborgen im Klang meiner geliebten Instrumente. Dies half mir, mich der Situation zu stellen und meinem Bruder eine mentale Stütze zu sein.

Nach eineinhalb Jahren, die gefüllt waren mit vielen Operationen, langen Krankenhausaufenthalten, immer wieder Hoffnung und großen Enttäuschungen, wurde klar, dass mein Bruder seinen Kampf gegen die Krankheit verlieren würde. Er zog ins Hospiz und ich begleitete ihn an seinen letzten Lebenstagen.

Als ich meinen Koffer für die Reise zu ihm packte, nahm ich meine Sansula mit. Mehr für mich als Entspannungsmöglichkeit zwischendurch, denn mein Bruder bevorzugte Rockmusik. So hab ich ihm anfangs über das Smartphone Musik vorgespielt, die er immer gern gehört hatte und die er mir – seiner kleinen Schwester - früher nahe gebracht hatte. Dies war wie eine nochmalige Festigung unserer Geschwisterbeziehung, denn wir erinnerten uns dadurch an gemeinsame Zeiten.

Im Laufe der Tage spürte ich, dass die Zeit dieser Art Musik nun für meinen Bruder vorbei war. Ich bot ihm an, auch mal meine sanften Töne zu hören. So setzte ich mich zu ihm und begann ganz ruhig auf der Sansula zu spielen. Dabei hatte ich ihn immer im Blick, denn ich war mir nicht sicher, ob ihm dies gefallen könnte. Seine Reaktion, so reduziert sie durch den Sterbeprozess auch schon war, war jedoch eindeutig. Seine Gesichtszüge entspannten sich, die Atmung wurde ruhiger. Als ich ihn fragte, ob es ihm gefalle, kam das verabredete Zeichen für „Ja“. Ich war in diesem Moment sehr glücklich. Wir hatten nun noch eine neue Möglichkeit, Gemeinsamkeit zu erleben.
So baute ich in unsere Tage immer wieder Klangzeiten ein. Besonders nach den für ihn anstrengenden Umlagerungen, Verbandswechseln und den anderen medizinischen Notwendigkeiten bot ich

sie meinem Bruder an und er hat sie sehr genossen und sich entspannen können. So ging es auch mir gut. Ich war selbst erstaunt, dass ich in dieser Situation ruhig und handlungsfähig und so für meinen sterbenden Bruder eine Hilfe sein konnte. Ich denke, es war die Kombination aus der Energie der Klänge, dem Gefühl, etwas tun zu können und die großartige Unterstützung durch die Mitarbeiter im Hospiz, die uns diese letzte gemeinsame, sehr intensive Zeit nicht nur aushalten, sondern auf eine mir bis dahin unvorstellbare Art auch genießen lassen konnte.

Nach dem Tod meines Bruders war ich unendlich traurig, aber blieb handlungsfähig. Alles, was ich erlebt hatte, war zu intensiv, um verdrängt werden zu können. Ich ließ meinen Gefühlen Raum, lebte in Erinnerungen, weinte, musizierte, hörte laut seine Rockmusik, ging viel allein spazieren, schrieb meine Empfindungen auf und suchte Unterstützung in einem Trauer-Café. Diese Mischung aus verschiedensten, meinen auch täglich wechselnden Gefühlslagen entsprechenden Verarbeitungsstrategien half mir, mich mit dem Tod meines Bruders abzufinden.

Und nicht nur das. Durch die aktive Auseinandersetzung mit dem Thema Sterben fand ich meine neue Berufung, die ehrenamtliche Tätigkeit im Hospizdienst.
Mithilfe der umfangreichen und intensiven Ausbildung konnte ich vieles von dem, was ich im Hospiz erlebt hatte, im Rückblick sortieren,

einschätzen, einordnen. Und ich wurde immer dankbarer für die Erfahrung dieser besonderen Zeit.

Seit meiner Ausbildung zur ehrenamtlichen Hospizhelferin habe ich bereits einige Menschen in ihrem Sterbeprozess begleitet. Viele lerne ich erst in ihren letzten Tagen oder Wochen kennen, Gespräche sind mit einigen von ihnen aufgrund des Fortgeschrittenseins ihrer Erkrankung oft nicht mehr möglich. So sind Musik und Klänge oftmals das Medium, worüber wir miteinander in Kontakt treten.

Eine blinde Dame zum Beispiel war sehr erfreut, als ich ihr vorschlug, für sie zu musizieren. Der Klang des Koshi „Luft" berührte sie sehr. Nach dem Spielen sollte ich ihr das Instrument genau erklären.

Ein Herr, selbst Musiker, schaute neugierig, was ich mit an sein Bett brachte. Ich war gespannt, ob und wie er als Profi auf diese eher ungewöhnlichen und zarten Klänge reagieren würde. Er nickte zustimmend auf meine Frage, sie ihm vorstellen zu dürfen. Dann legte er sich entspannt ins Kissen und genoss einige Minuten Klangmeditation auf der Sansula. Sein Gesicht strahlte große Ruhe aus.
Es war mir eine Ehre, nach seinem Tod auf seiner Trauerfeier ein letztes Mal für ihn zu spielen.

Einen anderen Herren lernte ich kennen, kurz nachdem er aus dem Krankenhaus entlassen worden war und sich nun auf seine letzte Zeit einstellen musste. Seine Gedanken kreisten ständig, ihm war nicht klar, wie er mit dieser Diagnose in einem ihm fremden Umfeld des Pflegeheims zurechtkommen könne. So war ich einfach an seiner Seite und hörte ihm zu. Mit der Zeit entstand Vertrauen und er erzählte mir einiges aus seinem Leben. So auch, dass er früher Mundharmonika gespielt hatte. Dies nahm ich als Anlass, ihm von meinen Instrumenten zu berichten – und er hatte Interesse, sie kennen zu lernen. Von der Sansula war er sehr angetan, probierte selbst, darauf zu spielen. Mit einem Lächeln im Gesicht! Wir freuten uns beide. Beim nächsten Mal nahm ich die Twin Kalimba mit und wir spielten im Duett. Auch wenn er schon schwächer war und nur einige Töne spielte, klang das Zusammenspiel schön und brachte uns eine harmonische, erfüllte Zeit. Eine Zeit, in der mitten im Sterbeprozess etwas Neues entstand und statt Schmerz und Trauer die Freude im Vordergrund stand.

Jede Begleitung ist individuell. Manchmal spüre ich, dass schon wenige Minuten Klang-Entspannung ausreichend sind, manchmal wünschen sich die Menschen oder signalisieren sie, dass sie mehr möchten. Ich habe auch immer Geschichten zum Vorlesen und meine Liederbücher mit, damit für jeden etwas dabei ist.

Von einer Dame wusste ich, dass sie aktiv in ihre Kirchengemeinde eingebunden war. Bei einem meiner Besuche war gerade eine Freundin aus der Gemeinde da und so gestalteten wir die Klangzeit

spontan gemeinsam. Wir saßen an ihrem Bett, jede auf einer Seite, und spielten abwechselnd das Koshi „Luft“ und das Koshi „Feuer“. Dieses Duett bildete einen Kokon aus schönen Tönen um die Sterbende herum. Sie hatte einen zufriedenen Gesichtsausdruck und wir drei Frauen, die wir uns vorher gar nicht kannten, waren in dieser Situation durch die Klänge miteinander innig verbunden. Anschließend sangen wir für sie aus dem Gesangbuch „Großer Gott, wir loben dich“. Noch nie war mir die Dimension dieses Liedes so offenbar wie in diesem Moment.
Das Singen und Musizieren am Bett Sterbender hat so viel Tiefe und Gefühl.

Eine weitere Dame lernte ich kennen, als sie schon nicht mehr sichtbar reagieren konnte. Auch für sie spielte ich das Koshi „Luft“, das mit seinen zarten Klängen eine vertrauensvolle Atmosphäre voller Geborgenheit schafft. Dann hatte ich den Impuls, ihr aus dem Volksliederbuch vorzusingen. Die Menschen der älteren Generation sind mit diesen Liedern aufgewachsen und meist hören und singen sie sie gern.
In diesem Moment kam die Tochter zu Besuch und erzählte mir, dass ihre Mutter früher im Chor gesungen hatte. Zusammen suchten wir ein Lied heraus, das ihre Mutter mochte und sangen es ihr gemeinsam vor. Wieder entstand dadurch eine ganz besondere Stimmung, die sicherlich nicht nur für die Mutter, sondern auch für die Tochter in dieser Situation schön und hilfreich war.

Eine meiner kürzesten und dabei intensivsten Begleitungen fiel in die Corona-Zeit, als nach vielen Wochen der Isolation endlich wieder Besuche möglich waren. Trotz FFP2-Maske und Abstand entstand eine Nähe – und ich bin mir sicher, dass die Klänge das verbindende Element waren.

Beim ersten Besuch waren die Angehörigen da, so konnten auch sie mich und meine Sansula kennenlernen und eine kurze Klangzeit genießen. Die Sterbende wirkte schon sehr ruhig und weit entfernt, ihre Augen waren geschlossen.

Am nächsten Tag jedoch hatte sie ein Auge leicht geöffnet. Ich begrüßte sie und erinnerte an meinen gestrigen Besuch, fragte, ob ich ihr wieder vorspielen dürfe. Es war eine entspannte Atmosphäre, abwechselnd summte ich oder spielte auf der Sansula, immer den Blick auf sie gerichtet, um jede Reaktion wahrzunehmen. Bei der Verabschiedung versprach ich ihr, am nächsten Tag wiederzukommen.

Beim dritten Besuch schaute die Dame mich an! Ich begrüßte sie freudig, erinnerte an unsere Klangzeiten der Vortage. Als ich begann, auf der Sansula zu spielen, ging ihr Blick in Richtung des Klanges. Ich zeigte ihr das Instrument genau, erklärte ihr die Spielweise. Sie schaute aufmerksam zu.
So hatten wir eine schöne halbe Stunde, in der sich Klänge, Stille und Summen abwechselten.

Ich bin immer wieder beeindruckt, dass so wenig Aktivität solch eine Intensität hat und wie Klänge es möglich machen, den Sterbenden und den Begleitenden zu verbinden und zu stärken.

Am Nachmittag erhielt ich den Anruf, dass die Dame verstorben war – und zwar eine halbe Stunde nach meinem Besuch. So waren wahrscheinlich die Klänge der Sansula das Letzte, was sie an Schönem hier auf Erden wahrgenommen hatte. Und vielleicht hatten sie ihr geholfen, sich ruhig und entspannt auf den Tod einzustellen.

Klang in der Begleitung von Menschen mit Demenz

Im Rahmen unserer ehrenamtlichen Wegbegleitungen sind wir auch Besuchsdienst für ältere Heimbewohner, die keine Angehörigen haben oder deren Angehörige weit entfernt wohnen. So ist es manchmal eine Lebensbegleitung über einige Monate oder sogar Jahre. Wir teilen miteinander Zeit und Erinnerungen, Freude an Festen, Spaziergängen – Freude am Leben.

In diesem Zusammenhang wurde ich Begleiterin für eine ältere, demente Dame. Auch wenn es anfangs wirkte, als ob sie am Leben um sich herum nicht teilnahm, ergab sich über die Zeit ganz Erstaunliches. Es war, als ob die Klänge die Tür zu ihrem Bewusstsein und ihrer Aktivität öffneten. Die Klänge waren der Einstieg und bei den folgenden Besuchen ergaben sich dadurch immer neue schöne Situationen.

Ich lernte Frau Müller (Name geändert) im Frühjahr kennen. Zuvor berichtete man mir, dass sie auf das Angebot der Musiktherapeutin positiv reagiert habe. Deshalb konnte ich mir gut vorstellen, dass sie eine Klang-Entspannung genießen könnte.

Bei unserem ersten Treffen lag Frau Müller im Bett, ihr Blick wirkte in die Ferne gerichtet und sie war unruhig. Ich stellte mich ihr vor und spielte einige Minuten lang das Koshi „Luft“ mit seinen zarten und elfenhaften Tönen für sie – ohne eine Reaktion.

Beim zweiten Besuch zeigt sich schon eine erste Veränderung: beim Hören des Koshi wurde sie ruhiger und sie schlief einige Minuten tief und fest.

Bei den nächsten Treffen erweiterte ich die Klangzeit und das Instrumentarium; so kam die Sansula mit ihren beruhigenden, lange nachklingenden Tönen dazu. Ich freute mich, als Frau Müller nach einigen weiteren Besuchen den Blickkontakt zu mir suchte. Inzwischen schaute sie auch auf die Instrumente, wenn ich sie ihr vor dem Spielen zeigte.

Ich hatte begonnen, ihr zwischen den Klangeinheiten kurze Geschichten vorzulesen. Ganz offensichtlich genoss sie es, eine ruhige Stimme zu hören und eine Zeitlang eine Gesellschafterin zu haben. Die Stationsmitarbeiter berichteten mir, dass sie nach meinen Besuchen ausgeglichen sei.

Als das Wetter schön wurde, fuhr ich Frau Müller im Rollstuhl durch das Gelände. Ich liebe Flieder – und als wir an einem blühenden Fliederbusch vorbeikamen, ließ ich sie daran riechen. Es war so schön zu sehen, wie sie aufmerksam daran schnupperte. Während dieses Spaziergangs kamen wir auch zu einem kleinen Hochbeet, auf dem Zitronenmelisse wuchs. Auch hier ließ ich sie schnuppern und wieder reagierte sie interessiert. Es war also beim Flieder kein Zufall gewesen, Frau Müller wurde aktiv! Ganz offensichtlich war sie ein „Nasenmensch“. So setzte ich fortan auch ätherische Öle zur sanften Beduftung des Zimmers ein. Je ein Tropfen erfrischendes Grapefruitöl (der „Happymaker“ unter den Aromaölen) und ein Tropfen einhüllendes Benzoe Siam (der „kuschelige Teddybär“ unter den Aromaölen) wurden unsere spezielle Mischung. So umhüllten uns während unserer Treffen Duft, Klang und schöne Worte.

Bei einem weiteren Besuch brachte ich zusätzlich zum Koshi „Luft“ das Koshi „Feuer“ mit und spielte sie wie ein Zwiegespräch, abwechselnd, das eine mit der rechten, das andere mit der linken Hand. Frau

Müller wirkte sehr aufmerksam und beobachtete genau, welches Instrument gerade die Klänge hervorzauberte. Ich freute mich, dass sie offensichtlich immer intensiver wahrnahm, was um sie herum geschah.

Auf der Station gibt es regelmäßig Musikangebote für die Bewohner, bei denen fröhlich alte Volkslieder und Schlager gesungen werden. Daran wollte ich anknüpfen. So kamen bei den nächsten Besuchen zu den Klanginstrumenten und kurzen Geschichten auch Lieder dazu, die ich Frau Müller vorsang. Das gefiel ihr offensichtlich gut, sie wirkte wach und entspannt.

Wenn das Wetter schön war, fuhren wir auch wieder zu „Schnuppertouren" durchs Gelände und erfreuten uns an der immer üppiger werdenden Blumenpracht. Ich erzählte ihr beim Spaziergang alles, was ich zu den Pflanzen wusste. Das brachte mich auf eine weitere Idee: In meiner Büchersammlung habe ich die „Kräutermärchen" von Folke Tegetthoff. So brachte ich Frau Müller nun bei jedem Besuch ein Kraut mit, ließ sie daran schnuppern, las die Geschichte, eingerahmt von den ihr inzwischen vertrauten Klanginstrumenten. So ließen wir uns verzaubern von Duft und Farbenpracht und märchenhaften Worten zu Löwenzahn, Basilikum, Pfefferminze und Lavendel.

Unsere Ausflüge wurden immer musikalischer: saßen wir am Springbrunnen, sang oder summte ich „Am Brunnen vor dem Tore" und

„Wenn alle Brünnlein fließen". Ich hatte den Eindruck, nicht nur ich mag Springbrunnen – Frau Müller schaute fasziniert und ausdauernd auf das plätschernde Wasser.

Wir fuhren auch in die Kapelle, in der Frau Müller sehr aufmerksam zu den bunten Fenstern sah. Dort spielte ich ihr auf der Sansula vor – die Kapelle hat eine gute Akustik – und sang Lieder aus dem Gesangbuch. Wieder wirkte sie wach und entspannt zugleich, ausgeglichen und zufrieden.

So hatten wir unseren Rhythmus und unsere Lieblingsbeschäftigungen gefunden: Klänge, Geschichten, Lieder, Spaziergänge, Düfte … Was nach außen hin völlig unspektakulär wirkte, war für uns beide bunt und bereichernd.

Im Sommer kam dann der Anruf, dass Frau Müller im Sterben läge und die Anfrage, ob ich kommen könne. Ich packte meine Sachen und war kurze Zeit später bei ihr.

Ich begrüßte Frau Müller, setzte mich zu ihr ans Bett und begann leise zu singen und auf der Sansula zu spielen. Erinnerte sie sich an unsere vorangegangenen musikalischen Nachmittage?

Am nächsten Tag besuchte ich Frau Müller wieder. Ich saß bei ihr, hielt und massierte sanft ihre Hände mit einer duftenden Creme, summmte dazu die Lieder, die ich ihr bislang vorgesungen hatte. Sie wirkte auf mich ruhig und zufrieden. Bei der Verabschiedung versprach ich, sie auch am nächsten Tag zu besuchen.

Hatte Frau Müller auf mich gewartet? Nach der Begrüßung hielt ich ihre Hand, spielte für sie das Koshi und sang dann wieder für sie. Wenige Minuten später, während ich „Ännchen von Tharau“ summte und vorsichtig ihre Hand streichelte, starb Frau Müller. Ganz still, mit glatter Stirn, zufrieden und wissend wirkend.

Dies war ein wirklich besonderer Moment. Obwohl der Tod so plötzlich gegenwärtig war, war alles gut. Ich war dankbar, dass Frau Müller leicht und zufrieden sterben konnte und ich war ihr dankbar, dass ich dies miterleben durfte. Es war eine tiefgreifende, unbeschreibliche Atmosphäre im Raum. Ich blieb bei Frau Müller, bis die Schwester kam, hielt weiterhin ihre Hand, bedankte mich bei ihr für die gemeinsamen Erlebnisse und spielte abschließend das Koshi „Luft“. Es war das erste Klanginstrument, das sie von mir gehört hatte. Mit ihm begann und endete nun unsere gemeinsame Zeit.

Und - wer weiß - vielleicht tanzte jetzt ihre Seele zu diesen Klängen aus dem Fenster hinaus…

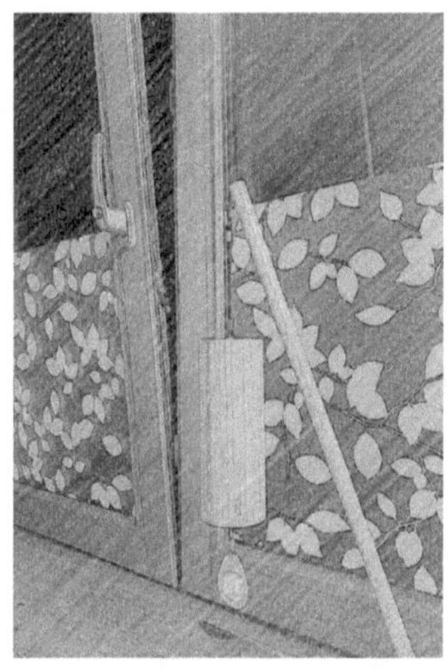

Abb.: M.Birr

Die Wirkung von Klängen auf Hunde

Hunde sind meine liebsten Haustiere. Als ich zwölf Jahre alt war, zog die erste Hündin bei uns ein – meine Möppi. Sie war eine sehr gut gelungene Mischung mit einem fast fuchsfarbenen Fell. Klein und anhänglich wie sie war, verbrachte sie viel Zeit mit mir. Auch, wenn ich zu Haus Blockflöte übte.

Damals wusste ich nicht, warum sie dann immer „mitsang“. In der Familie wurde gescherzt, sie fände mein Spiel wohl „zum Heulen“ und ich sollte doch vielleicht lieber im Keller üben…

Sehr viele Jahre später lernte ich einen Hund kennen, der genauso wie Möppi damals mitsang – und sogar ein Lieblingslied hatte! Das Mitsingen sei ein Zeichen von Gefallen und Freude, erklärte mir die dazugehörige Tiertherapeutin. Dafür spricht auch, dass bewusster Hund und auch meine Möppi damals sich nicht verkrochen, wenn die Musik erklang, sondern sich bewusst und nah zur Musikquelle setzen. So ist mein Flötenspiel im Nachhinein rehabilitiert worden ;).

Seitdem ich nun verschiedene Klanginstrumente nutze, kann ich ihre Wirkung auf drei Hunde in unserer Familie und etliche Hunde von Kundinnen und Freundinnen beobachten.
Wie bei den Menschen auch, wirken die Klänge unterschiedlich auf sie.

Ein Hund kam oft mit, wenn sein Frauchen bei mir eine Klangmassage für sich gebucht hatte. So lag er friedlich mitten im Raum und war anschließend ebenso tiefenentspannt.

Die zarte Havaneserin meiner Tochter genießt die Klänge lieber mit etwas Abstand. Sie schaut genau, wenn die Vorbereitungen laufen und legt sich dann etwa drei Meter entfernt in den Flur. Dort kommt sie dann gut zur Ruhe. Das ist schon etwas Besonderes, denn sie ist ein sehr quirliger, menschenzugewandter Hund. Während des Vorgesprächs vor der Klangmassage geht sie fröhlich und sehr lebhaft auf die Kundinnen zu, lässt sich streicheln und möchte ganz nah dabei sein. Beginnt die Klangmassage, beginnt auch ihre Entspannung, indem sie sich ihren Lieblingsplatz sucht und dort die Klänge genießt-bis zu einer Stunde lang. Das ist für sie, die eigentlich „Hummeln im Hintern“ hat, wie man in unserer Region eine leichte Hyperaktivität bezeichnet, sehr viel.

Inzwischen sind zwei ehemalige Straßenhündinnen bei uns eingezogen. Sie waren anfangs sehr scheu, alles Neue machte ihnen Angst. So testete ich, ob Klänge ihnen helfen könnten. Und wirklich – als sie mich in meinem Klangraum musizieren hörten, kamen sie recht bald hinein und legten sich gern für eine Weile zu mir. So ist es bis heute. Ein tiefer Schnaufer zeigt an, wenn sie in die Entspannung gelangen.

Besonders gern hören sie meine Flöte, die Sansula und die Koshis. Die BEK-Drum ist ihnen offenbar zu gewaltig. Selbst, wenn ich sie ganz sanft anspiele.
Das Klang-Ei hingegen entspannt sie wieder sehr. Wenn es bei meinen QiGong-Übungen auf der Terrasse oder in meinem Klangraum für den musikalischen Hintergrund sorgt, liegen sie ruhig und mit geschlossenen Augen in meiner Nähe.

Ich nutze Musik ganz bewusst für sie. So singe ich zum Beispiel eine kleine Melodie, statt sie einfach nur zu rufen, wenn wir hinausgehen wollen. Inzwischen reicht es aus, dass ich diese Melodie pfeife oder summe – schon hüpfen sie aus ihren Bettchen und lassen sich bereitwillig anleinen.

In ihren ersten Monaten bei uns habe ich sehr viel Zeit damit verbracht, ihre Scheu abzubauen. Ich habe eine Entspannungsmusik-CD abgespielt und die Hunde währenddessen gestreichelt und massiert. Dadurch haben sie diese Musik mit etwas Schönem verknüpft. Später habe ich selbige Musik eingeschaltet, sie gestreichelt und dann, wenn die Hunde entspannt waren, die Wohnung verlassen. Es gibt nie Probleme mit ihnen, wenn sie nun allein zu Haus sind. Inzwischen gehen sie sogar schon in ihre Bettchen, wenn ich die Musik einschalte, bevor ich weggehe. Es wirkt fast so, als ob sie sich auf ihre Entspannungszeit allein freuen.

Eine meiner Hundedamen „singt“ auch manchmal. Besonders bei Orgel- und Chormusik von der CD. Ich wüsste zu gern, weshalb gerade diese Klänge diese Reaktion bei ihr auslösen. Die andere Hündin schaut sie dann zwar an, macht aber nicht mit.
Ja, jeder bringt seine Lebenserfahrungen in die Begegnung mit Musik und Klängen ein. Und die sind so vielfältig wie wir alle. Das trifft auf uns Menschen zu – und auf die Hunde offensichtlich auch.

Im Entspannungstraining für Mensch und Hund gebe ich diese Erfahrungen weiter. Es ist immer wieder faszinierend, wie durch

Klänge, bewusste Atmung des Menschen, Massagen für den Hund und Phantasiereisen für beide eine tiefe Harmonie entsteht.

Ich war neugierig, ob ich meine Beobachtungen auch in der Literatur bestätigt finde.

Klang für Hunde ist noch kein umfangreich erforschtes Gebiet, aber was ich bisher fand, unterstützt meine Erfahrungen. Im Buch „Klang der Stille“ von David Lindner las ich von der Klangmassage für seinen Hund.

An der Universität von Glasgow erforschten Wissenschaftler die Wirkung von Musik auf Tierheimhunde, indem sie ihnen Musik unterschiedlicher Stilrichtungen vorspielten. Dabei wurden Verhaltensweisen und Cortisolspiegel (zeigt den Stresspegel an) dokumentiert. Das Ergebnis: Die Hunde waren weniger gestresst, wenn sie Musik hörten. Es gab unterschiedliche Vorlieben, am beliebtesten waren Soft Rock und Reggae.

Das Schönste an dem Einsatz von Musik und Klängen für Hunde ist meinem Empfinden nach, dass sich dadurch eine einfach umzusetzende Möglichkeit einer Gemeinsam-Zeit ergibt. Wer sich also mit Klängen entspannen, erden und stärken möchte, kann dies wunderbar unkompliziert und mit geringem Aufwand mit seinem Hund zusammen tun.

Das gemeinsame Erlebnis verbindet. Alles schwingt. Und mit seinem Seelenhund auf dieser Ebene verbunden zu sein, ist von großer Tiefe und gleichzeitig fröhlicher Leichtigkeit.

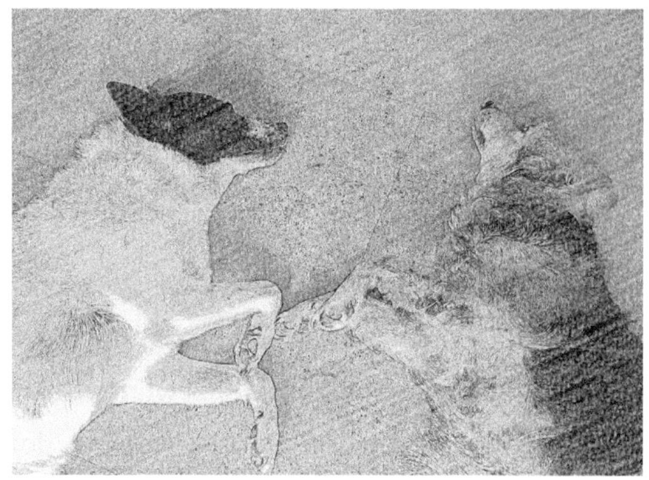

Entspannt im Klang und Hier & Jetzt Abb.: M.Birr

Nachklang

Liebe Leserin und vielleicht ja sogar lieber Leser,
wie schön, dass Sie mich auf meiner Reise in die Welt der Klänge begleitet haben. Mir hat es große Freude bereitet, die bisherigen Erfahrungen zu erinnern, zu sammeln und aufzuschreiben. Während

dieses Prozesses klangen viele Erlebnisse nochmals in mir nach und zeigen mir, wie beschenkt ich durch diese tiefen Begegnungen bin.

Ich würde mich freuen, wenn ich Sie berührt, inspiriert und neugierig gemacht habe. Vielleicht mögen Sie ihren eigenen Klangweg gehen. Dabei wünsche ich Ihnen genauso viel Freude, wie ich sie erlebt habe und immer weiter erleben werde.

Sicherlich finden Sie in Ihrer Nähe Menschen, die in der Klang-Entspannung ausgebildet sind und die Sie beklingen können.

Auch viele Fortbildungen werden inzwischen angeboten. Vom Kennenlern-Nachmittag bis zur Komplett-Ausbildung mit unterschiedlichen Schwerpunkten wie z.B. Klang im Kindergarten ist alles möglich. Schauen, recherchieren und fühlen Sie, was zu Ihnen passt.

Abschließend danke ich allen, denen ich auf meinem bisherigen Klangweg begegnet bin – meiner Klangtherapeutin, bei der ich die erste Klangmassage erlebte, den Ausbilderinnen, meinen Kundinnen und allen, die sich auf diese Erfahrung einlassen mochten und mir Rückmeldung zum Erlebten gaben. Diese gemeinsamen Erlebnisse haben mich sehr bereichert und geprägt.

Immer wieder, wenn ich bei einer Klang-Entspannung in glückliche Gesichter sehe, fällt mir der Satz von Teresa von Avila ein:

„Tu deinem Körper Gutes, damit die Seele Lust hat, darin zu wohnen."

Für mich ist das Spüren von Klängen der schönste Weg geworden, Körper und Seele Gutes zu tun.

Hamburg, im Dezember 2021

Literatur zum Thema

Peter Hess

- „Die heilende Kraft der Klangmassage"
- „Klangschalen für Gesundheit und innere Harmonie"
- „Klang und Klangmassage in der Pädagogik"

Peter Hess, Christina M. Koller

- „Peter Hess – Klangmethoden im Kontext von Forschung und Wissenschaft"

Otto-Heinrich Silber, Peter Hess, Jürgen Hoeren

- „ Klangtherapie“

David Lindner

- „Gesang der Stille“

Aus der Reihe „Klang-Massage-Therapie“ des Europäischen Fachverbandes Klang-Massage-Therapie e.V.

- „Entwicklung und Forschung rund um die Peter Hess-Klangmethoden“
- „Peter Hess- Klangmethoden und Menschen mit Behinderung“

Beate van Dülmen

- „Klingen, spüren, schwingen“ – Klangpädagogik in Kindergarten und Schule

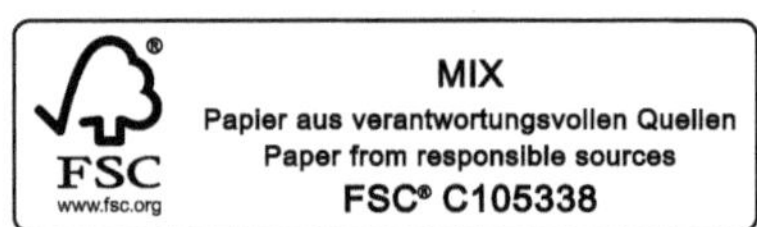

Printed by Books on Demand GmbH, Norderstedt / Germany